SRA Intervenciones tempranas de la lectura

El taxi de Max

por Leyla Torres

ilustrado por Kate Flanagan

I0805988

McGraw Hill SRA

Bothell, WA • Chicago, IL • Columbus, OH • New York, NY

MHEonline.com

McGraw Hill SRA

Send all inquiries to:
McGraw-Hill Education
8787 Orion Place
Columbus, OH 43240

ISBN: 978-0-02-114879-0
MHID: 0-02-114879-1

Printed in the United States of America.

7 8 9 10 11 MER 25 24 23 22 21

The McGraw·Hill Companies

Existe un señor que se llama Max.
Max tiene un taxi y un perro bóxer.

Max desea manejar su taxi.

Para manejar, Max debe tomar un examen.
Él lee su texto de normas.

Max mira todos sus mapas.

Max revisa las luces y el pito.
Él examina el timón y las llantas.
Al fin, Max toma el examen.

¡Todo está en orden!
Max tiene éxito.
Ahora va en su taxi con su bóxer.